Baccarat

© Éditions Assouline
26-28, rue Danielle-Casanova, Paris 75002 France
Tél. : 01 42 60 33 84   Fax : 01 42 60 33 85
Accès Internet : http://www.imaginet.fr/assouline

Dépôt légal : 1er semestre 1998
Tous droits réservés
ISBN : 2 84323 056 X

Photogravure : Seleoffset (Italie)
Imprimé par Artegrafica (Italie)

Achevé d'imprimer : mars 1998.

Baccarat

PAR DANY SAUTOT

EDITIONS ASSOULINE

né en Angleterre, le cristal doit son existence à la contrainte qu'entraîne un décret pris en 1615 par le roi Jacques Ier. Désormais, l'exploitation des forêts est exclusivement réservée aux besoins des chantiers navals. Le charbon remplace donc le bois pour alimenter les fours des verreries. Les réactions chimiques entre les gaz de combustion et la masse vitreuse provoquant une indésirable coloration du verre, de multiples recherches sont lancées pour résoudre ce problème. En 1676, un verrier, Georges Ravenscroft, a l'idée d'ajouter de l'oxyde de plomb à la composition initiale du verre... Même s'il n'a pas encore la transparence, l'éclat, la blancheur, le son qui aujourd'hui le caractérisent, le cristal au plomb est né.

Il franchit la Manche, mais la Révolution puis les guerres de l'Empire retardent son éclosion en France. Aussi n'est-ce qu'au début du XIXe siècle que le cristal entre véritablement dans la vie des arts décoratifs français. Au cœur du pays lorrain, dans le village jusqu'alors anonyme de Baccarat, il va prendre sa plus belle expression quand, en 1816, le premier four à cristal est allumé dans l'ancienne verrerie Sainte-Anne. Une grande aventure commence… Le cristal de Baccarat est né, prêt à devenir synonyme à travers le monde d'un certain art de vivre "à la française".

Des albums de dessins scrupuleusement conservés depuis le début du XIXe siècle aux plaques photographiques, des livres de commandes aux quelques milliers de pièces disséminées entre les musées parisien et lorrain de Baccarat, se déroulent, à la manière d'un film, les images ininterrompues d'une histoire riche en rencontres exceptionnelles, en aventures épiques, en désirs cristallisés par une mystérieuse alchimie.

Baccarat puise les secrets qui magnifient le quotidien dans le feu mêlé d'eau, de sable, de potasse et de plomb, dans l'intelligence des gestes et du regard.

En 1823, durant ses années de jeunesse, Baccarat attire par ses éclats le regard du souverain Louis XVIII qui succombe à ses charmes, ouvrant ainsi la voie royale de la reconnaissance des grands de ce monde. Charles X, Louis-Philippe, Napoléon III et l'impératrice Eugénie, puis la République lui confient bientôt monogrammes et chiffres pour des services d'apparat à la mesure de leur puissance.

Depuis un siècle, le service *Losanges à flot*, portant un médaillon gravé des initiales superposées R. F. (République française), partage les secrets des tables du palais de l'Élysée.

L es missions d'Harcourt — Véritable initiation à une géographie historique, la lecture des commandes de services chiffrés provoque des rapprochements insolites et pacifiques. Ainsi, d'une page à l'autre, se côtoient le royaume du Siam et le Rajasthan des maharadjahs, la Maison impériale du Japon et Farouk, roi d'Égypte, le président des États-Unis Franklin D. Roosevelt et le roi Fayçal d'Arabie ou encore le sultan Muhammad V du Maroc et le président du Brésil…

Grand maître absolu d'une diplomatie surréaliste, le verre *Harcourt* rassemble, dans sa parfaite géométrie, nationalités et personnalités des plus diverses. Le pape Benoît XV, le roi du Cambodge, les présidents du Liberia, de la Côte-d'Ivoire, du Brésil, du Liban, les ambassades de France aux États-Unis et en Angleterre font de ce service l'ambassadeur plénipotentiaire de leurs réceptions.

Créé en 1841, *Harcourt* disparaît une dizaine d'années avant de réapparaître au catalogue de 1910. *Harcourt* "est" Baccarat. Il signe la marque dans la pureté de son cristal, dans son assise généreuse et ses larges côtes plates légèrement incurvées en réceptacles de lumière. Si sa date de création définitive est l'année 1841, il apparaît en de somptueuses ébauches dans les premiers catalogues de produits publiés dans les années 1830.

À cette époque, Baccarat envoie ses premiers "voyageurs" à la conquête du monde.

Constantinople, la Sublime Porte — Les "voyageurs" traversent d'abord la Méditerranée pour se rendre dans une Constantinople mirifique. Les palais des *Mille et une Nuits* sont là, prêts à accueillir les "folies" insolites de Baccarat. Ses lustres aux pendeloques, poignards et pampilles ciselés dans le cristal prolongent le rêve oriental de lumières célestes. Seule cristallerie en France à vouloir s'entêter dans ces constructions lumineuses, elle trouve enfin l'écho espéré à sa démesure. Elle n'est ni sage, ni tempérée à l'image de ses concurrents anglais.

Non, elle entre de plain-pied dans l'échange des cultures. À elle de savoir transcrire dans la pâte incandescente des images venues d'ailleurs. En 1869, le palais de Dolmabahce, édifié par le sultan Abdul Mecid et illuminé de lustres de Baccarat, accueille l'impératrice Eugénie. Elle apporte dans ses bagages des vases et des services, créations de la cristallerie qu'elle remet au Grand Turc Abdul Aziz. Un somptueux service à moka turc, destiné à ce grand marché, est présenté lors de l'Exposition universelle de Paris en 1878. Composé d'une cafetière, d'un sucrier et de huit zarfs supportant chacun une petite tasse, son décor précieux d'émaux peints enchâssés dans des filets d'or est une magnifique interprétation des fameuses verreries islamiques de Damas.

New York, le rêve américain —— Dès les années 1830, les voyageurs franchissent l'Atlantique et accostent "aux Amériques" d'alors. Pays neuf aux contrées presque vierges dont les villes se forgent des images à l'européenne, l'Amérique du Nord ne se lasse pas de se faire désirer. C'est pourtant quelques années plus tôt, en 1823, qu'elle est entrée dans la vie de la cristallerie en lui fournissant la potasse dont l'absence de résidus donne un cristal de plus en plus pur. Toujours présente dans l'histoire de Baccarat, son avenir se lit dans les livres de commandes au gré de sa construction. Crise économique de 1837, guerre de Sécession de 1861 à 1865, prohibition déclarée par le XVIIIe amendement à la Constitution en 1919, krach boursier de 1929 sont autant de coups d'arrêt portés à l'implantation de Baccarat aux États-Unis. René de Chambrun, fils du général de Chambrun alors vice-président de la cristallerie, se rend à New York en 1948. Il est le descendant de l'intrépide marquis de La Fayette. Les exploits de son aïeul sur le sol américain lui valent de posséder les deux nationalités. Il peut ainsi fonder Baccarat Inc., filiale américaine de la cristallerie.

Saint-Pétersbourg, le faste des tsars — Quand l'Exposition universelle de 1867 ouvre ses portes sur le Champ-de-Mars, toutes les têtes couronnées d'Europe participent au triomphe de Napoléon III. La "fête impériale" est à son apogée et chacun des sept millions de visiteurs peut espérer entrevoir l'un des innombrables cortèges royaux sillonner les rues de l'Exposition. Paris fredonne les airs de la vie parisienne en s'étourdissant dans les festivités. Le tsar Alexandre II, Guillaume Ier de Prusse, l'empereur François-Joseph d'Autriche, le dernier Taïkoun représentant Mutsuhito, le tout jeune empereur du Japon, le roi Louis II de Bavière, le roi Léopold II de Belgique, et tant d'autres encore, font de Paris une étonnante capitale planétaire.

Avec une fontaine monumentale de plus de sept mètres de hauteur, des candélabres porteurs d'insensés bouquets de bougies, des lustres aux envergures vertigineuses et une multitude de vases peints à l'émail, d'aiguières, de services de verres, mais surtout avec les deux vases couverts gravés par Jean-Baptiste Simon, maître incontesté de la gravure, Baccarat fait l'unanimité. Les commandes affluent à la cristallerie, en particulier de la lointaine Russie. Quelques années plus tard, un four baptisé "four russe" est exclusivement utilisé pour ce marché, qui compte la maison Fabergé parmi ses clients les plus prestigieux. À la suite de la visite du tsar Nicolas II à Paris en 1896, un service est spécialement dessiné pour la cour de Saint-Pétersbourg. Ce service dit "du tsar" comporte trois hauts verres, dont une coupe à champagne ainsi qu'un petit verre à vodka. La jambe de chacun de ces verres est soufflée par le verrier qui lui donne une forme légèrement galbée en l'étirant doucement à la chaleur du four ; la coupe, ou "paraison", et le pied sont également soufflés mais en cristal coloré sur du cristal clair. Une fois le verre refroidi, il passe entre les mains du tailleur qui, à l'aide de différentes meules, incise la surface du cristal en palmettes, diamants, pierreries et cabochons, jouant des contrastes entre les deux couches de cristal. Pour ce service du tsar, Baccarat puise son inspiration dans l'imaginaire de la Grande Russie qu'elle interprète avec tout son savoir-faire. Tout comme son grand-père le tsar Alexandre II, Nicolas II commande des candélabres destinés à son palais de Saint-Pétersbourg et aux appartements privés de son épouse, Aleksandra Fedorovna. Les premiers mesurent près de quatre mètres de hauteur et portent soixante-dix-neuf bougies électrifiées ; les seconds, de taille plus modeste, atteignent deux mètres et sont munis de vingt-quatre bougies. Comme dans un film rocambolesque, des caravanes attelées à des mulets et chargées des précieux cristaux quittent la cristallerie pour traverser l'Europe avant d'arriver, au terme de longues semaines, à destination. De cette époque fastueuse, Baccarat conserve deux des grands candélabres de Nicolas II, lesquels ne purent être livrés en raison de la première guerre mondiale, puis de la révolution d'Octobre (1917). Ils accueillent aujourd'hui les visiteurs du musée Baccarat à Paris.

t okyo, les promesses de l'empire du Soleil-Levant — Parmi les relations particulières que Baccarat a nouées depuis sa création, celle qui la lie au Japon est non seulement d'une longévité exemplaire mais elle est marquée, de part et d'autre, par le respect, les échanges et l'amitié.

Entre Baccarat et le Japon, l'histoire débute au XIXe siècle à Paris, à l'occasion de l'Exposition universelle de 1867. Le fils du shogun Yoshinobu, également appelé le dernier Taïkoun, accompagne la délégation japonaise présente pour la première fois à Paris. Le public français découvre l'art de vivre japonais à travers des objets dont la simplicité et le raffinement frappent les esprits. L'art décoratif européen va puiser dans ce répertoire des sources d'inspiration inédites, donnant ainsi naissance au japonisme. Chez Baccarat, l'influence du Japon provoque un nouvel élan créatif. Travaillé en épaisseur, le cristal adopte des formes sensuelles dans lesquelles un décor dépouillé de tout artifice prend vie. La "taillegravure", nouvelle technique mise au point par la cristallerie, permet de creuser le cristal profondément tout en donnant à l'empreinte le délié et la souplesse d'un trait de gravure. Oiseaux, poissons vivent leurs vies dans des forêts de bambous éclairées par la plénitude de la lune ou la lumière d'un soleil levant, saisies dans la transparence de vases et de coupes. Ces pièces seront montrées à Paris lors de l'Exposition universelle de 1878.

Mais la grande histoire entre Baccarat et le Japon débute une vingtaine d'années plus tard, quand un certain Tojiro Harumi découvre chez son oncle, commerçant à Osaka, des pièces de Baccarat. Il se lance alors dans l'importation d'articles qu'il dessine et qu'il fait exécuter par la cristallerie. Baccarat entre ainsi dans la culture japonaise, avec notamment de splendides services destinés à la cérémonie du thé. En 1909, une commande concernant un ensemble de six brocs et de trente-six verres à vin du Rhin est adressée du Japon. Chacun de ces articles doit porter l'emblème de la Maison impériale. Un an plus tard, une seconde commande est passée pour un nouveau service orné de cette même gravure. Aujourd'hui, les collections du musée Baccarat à Paris détiennent quelques exemplaires de ce dernier service. Lorsqu'il visite Paris en 1921, le futur empereur Hirohito se rend rue de Paradis dans le magasin Baccarat. Un demi-siècle plus tard, se remémorant son voyage, il confiera n'avoir retenu que deux noms : ceux du Louvre et de Baccarat…

En 1986, les relations entre Baccarat et le Japon sont consolidées par la fondation de la filiale Baccarat Pacific K.K., dont le siège est à Tokyo. De Nagoya à Hiroshima, de Kobé à Kyoto, d'Osaka à Tokyo, le nom de Baccarat est entré dans le langage japonais, empreint d'un imaginaire de rêve, synonyme du luxe.

bombay, les Portes de l'Inde — Quand Baccarat ouvre une première agence à Bombay en 1886, elle y dépêche un jeune agent originaire de Lorraine, lui faisant mille recommandations parmi lesquelles une recette à base de lait destinée à combattre le choléra ! Encore aujourd'hui, la lecture des comptes rendus de ces "envoyés spéciaux" est teintée d'une saveur toute particulière. L'arrivée à Bombay après de longues semaines passées en bateau, le déchargement des cristaux puis leur traversée du continent indien à dos d'éléphants, pour enfin pénétrer dans les palais des maharadjahs suffisent à éveiller l'imagination la plus récalcitrante. Certaines de ces commandes sont entrées dans la légende de Baccarat. La plus étonnante d'entre elles émane d'un maharadjah indien s'adressant à l'un des intermédiaires de Baccarat à Manchester. Datée du 10 août 1906, elle concerne la réalisation d'un tombeau en cristal et granit. La lettre précise qu'étant donné le jeune âge du maharadjah, il n'y a aucun caractère d'urgence…

Plus tard, dans les années trente, la cour de Londres souhaite offrir au maharadjah de Gwalior un cadeau. Un cadeau de son choix. C'est ainsi que le fameux hall oriental du magasin situé rue de Paradis est démonté et entièrement reconstitué dans le palais de Gwalior. À cette occasion, le maharadjah commande un somptueux lustre de cent cinquante-sept lumières. Une fois le lustre monté, le plafond ne résiste pas et s'écroule. Qu'importe, le maharadjah fait reconstruire le plafond, dont il teste la résistance en faisant marcher sur le toit le plus lourd de ses éléphants. Le plafond résistant, un second lustre est commandé.

En 1930, le maharadjah Sri Ganga Singhji visite le magasin de la rue de Paradis. Il y découvre l'un des chefs-d'œuvre réalisés par la cristallerie. Il s'agit de l'un des deux bateaux en cristal taillé qui avaient été exposés par le Grand Dépôt, célèbre magasin d'articles de luxe, lors de l'Exposition universelle de Paris en 1900. Il achète le bateau qui part à destination du Lallgarh Palace, palais du maharadjah à Bikaner, où quelques invités privilégiés peuvent l'admirer encore aujourd'hui. Le second bateau fait partie des collections du Corning Museum of Glass, dans l'État de New York.

1 a Belle Époque, années d'insouciance — En ce début de siècle, Paris vit une période frivole. Elle se prépare à accueillir les Ballets russes de Diaghilev, court aux fêtes somptueuses données par Paul Poiret, s'engouffre dans les bouches du métropolitain et succombe avec délices au style Art nouveau qui fleurit dans l'architecture et dans l'art décoratif. Cet Art nouveau, comme tout ce qui est à ses yeux modes éphémères, Baccarat le considère avec méfiance. Solitaire dans sa création, la cristallerie continue à imaginer pour son cristal de nouveaux défis. Du japonisme, elle a retenu les décors suggérés en quelques traits sur des pièces pour lesquelles le cristal prend des allures de lave solidifiée et se donne une dimension sculpturale. Ainsi en est-il d'un

encrier en forme de vague déferlante où l'impétuosité de la lame laisse présager la puissance évocatrice du cristal. En un mariage naturel, le bronze vient se couler sur le Baccarat dont il épouse en douceur les contours pour mieux le magnifier.

Mais il est un nouveau domaine où Baccarat peut exprimer toute la force et la richesse de son art. Colorés, vivants, les flacons de parfum font alors leur entrée dans l'histoire des arts décoratifs.

flacons de rêve pour parfums de légende — Aux grands flacons classiques du XIXe siècle, qui se distinguaient les uns des autres par leurs étiquettes "bavardes", succèdent des flacons, souvent de plus petite taille, conçus comme autant de créations originales. Ils deviennent les écrins emblématiques des précieuses fragrances qu'ils enferment.

Riche d'une main-d'œuvre d'élite qui maîtrise toutes les techniques dévolues au travail du cristal, Baccarat procure à chaque parfumeur l'originalité demandée. Les chiffres parlent d'eux-mêmes : en dix ans, entre 1897 et 1907, les commandes passent de cent cinquante flacons par jour à quatre mille...

De cristal clair ou totalement émaillé, chacun d'eux révèle la sophistication extrême des techniques de décors employées.

Avec l'Exposition internationale des arts décoratifs et industriels de 1925, une nouvelle femme apparaît. Elle a coupé ses cheveux, se grise de vitesse en conduisant des automobiles et court les couturiers dont les premiers parfums apparaissent. Pour elle, Jean Patou demande à Louis Süe de dessiner un magnifique flacon de cristal surmonté d'une pomme de pin dorée. Son nom : *Amour Amour*. Témoin d'un goût nouveau pour des formes simples et élégantes, il exprime toute la beauté du cristal travaillé dans l'épaisseur de sa transparence, juste rehaussée par le raffinement d'un décor à l'or.

Guerlain, dont les premières commandes remontent au Second Empire, sort en 1912 le fameux flacon au bouchon en chapeau de gendarme, gardien du célèbre jus *Mitsouko*. En 1937, pour le parfum *Coque d'Or*, Guerlain imagine un flacon à la forme totalement inédite en cristal bleu marine peint à l'or. Aujourd'hui, le célèbre parfumeur fait toujours appel à Baccarat pour ses éditions prestigieuses.

Un remarquable flacon sort en 1939 pour le parfum *It's you* d'Elizabeth Arden ; sa forme est celle d'une main en cristal blanc nacré portant une bague peinte aux émaux et enserrant une précieuse amphore dorée.

À la fin de la guerre, Elsa Schiaparelli demande à Salvador Dalí de lui dessiner un flacon. Ce sera le fameux *Roy Soleil* à la poésie surréaliste, dont le corps est parcouru de vaguelettes au-dessus desquelles volent des oiseaux sous un soleil bienveillant. Avec la fin des années quarante, le cristal tend à être remplacé par le verre industriel. Seuls les créateurs soucieux de conserver au parfum et au flacon leur statut d'''objets de luxe'' continueront de s'adresser à Baccarat.

La sophistication technique atteint son paroxysme pour chacune des amphores de la trilogie bleu, blanc, rouge signée Christian Dior, pour lesquelles le cristal a été soufflé en deux couches puis taillé et rehaussé à l'or.

Les années quatre-vingt sont marquées par des créations pour Versace et pour Paco Rabanne. Depuis le début des années quatre-vingt-dix, le cristal revient en force ; Claude Montana, Annick Goutal, Caron, Molinard, Lancôme, etc., font désormais appel à Baccarat pour réaliser leurs flacons de prestige en séries limitées.

Mais l'histoire des flacons écrite par Baccarat a pris une nouvelle dimension en 1997 avec le lancement d'une trilogie de parfums : *Les Contes d'Ailleurs*.

Pour le premier, *Une nuit étoilée au Bengale*, Baccarat imagine un jus épicé et conçoit un flacon évoquant cette fameuse porte de l'Inde par laquelle elle faisait son entrée plus de cent ans auparavant.

georges Chevalier, le poète inspiré — Alors que la guerre fait rage, un tout jeune homme arrive chez Baccarat en 1916, apportant dans l'élan de sa jeunesse l'espoir d'un monde futur. Georges Chevalier pose son regard pétillant sur Baccarat et en saisit immédiatement l'âme. Nul doute qu'il n'ait rencontré ces extraordinaires verriers et décorateurs qui, en 1909, réalisaient le tour de force de montrer la vitalité de la cristallerie lors de l'Exposition internationale de Nancy alors que l'Art nouveau, victime de ses excès, ne tarderait pas à succomber. C'est avec eux qu'il repousse les limites du travail verrier pour des objets où le cristal devient suggestion. Pas un atelier n'échappe à sa passion. Tandis que la taille devient le support d'une géométrie de l'espace ordonnée en atomes lumineux, la gravure écrit ses poèmes visuels.

Chevalier comprend toute l'intelligence du cristal. Architecte de la lumière, il bâtit pour elle un temple inédit à l'occasion de l'Exposition des arts décoratifs de 1925. Là, il en transcende l'énergie en cascade lumineuse dans les milliers de pampilles d'un lustre *Jets d'eau*, tout en soumettant celle-ci à la rigueur formelle de colonnes grecques pour en exalter la pureté.

Pour Baccarat, il se fait alchimiste ; il sait que de la matière il obtiendra les secrets. Comme autant de portes qui s'ouvrent, elle lui dévoile peu à peu ses richesses. L'envisage-t-il délivrée des contraintes de l'usage ? Alors, elle se soumet de bonne grâce à un nouveau répertoire, celui des formes libres. De cette complicité naît un bestiaire. Des premiers lévriers saisis en pleine course, en 1925, à la tête de cerf bramant, en 1952, Chevalier, en osmose avec les verriers et les tailleurs de Baccarat, exploite les infinies possibilités sculpturales du cristal. C'est ainsi que quelques années plus tard, des artistes tels Émile Gilioli, Dalí ou César trouvent chez Baccarat les interprètes de leur création.

baccarat, les objets lumière — En 1929, Ernest Tisserand publie un article consacré à Baccarat dans la revue de *L'Art vivant* qu'il conclut en ces termes : "Et si les pièces de Georges Chevalier sortent si vivantes des ateliers de Baccarat, c'est qu'elles ont su plaire tout d'abord aux ouvriers amoureux de leur métier qu'il y a là-bas en Lorraine et qui sont les premiers critiques, les premiers juges, les premiers admirateurs des conceptions de ce jeune artiste."

L'art verrier ne s'improvise pas. Ce n'est qu'au prix d'un apprentissage long et fastidieux que le miracle surgit. Si parler de Baccarat, c'est évoquer un monde sans frontières, admirer des objets insolents de luxe et de beauté et décliner l'Histoire au gré de personnalités, c'est aussi se plonger dans une simple histoire de familles. Celles qui vivent à Baccarat au son du souffle des fours, celles dont la vie se déroule en gestes qui se transmettent dans l'atmosphère insolite de la cristallerie, celles pour lesquelles le vocabulaire revêt une signification particulière. "Cueiller" (cueillir), "tailler", "graver", autant de rites auxquels seuls les initiés peuvent s'adonner. Meilleur ouvrier de France : le titre est noble, à la mesure de son exigence. Ils sont plus d'une vingtaine aujourd'hui chez Baccarat.

Sur les pas de Georges Chevalier, les designers prennent le chemin de la cristallerie. C'est devant les fours qu'ils ajustent leurs créations ; c'est dans les ateliers de taille et de gravure qu'ils entrent dans la réalité de leurs objets. Docile, le cristal de Baccarat l'est jusqu'à un certain point : ce n'est que sous des mains expertes qu'il finit par se livrer complètement. Impétueux et sans compromis, il exige une attention de tous les instants. Ce n'est qu'à ce prix qu'il se laisse dompter. Il se fond aujourd'hui en de nouvelles couleurs empruntées aux fleurs et aux pierres dans un lexique poétique. Serein, il aborde un nouveau millénaire pour lequel il s'invente de nouvelles missions. La séduction fait partie de ses priorités. Bijoux, art de vivre déclinent leurs images d'un futur auquel la signature de Baccarat apporte sa part de rêve.

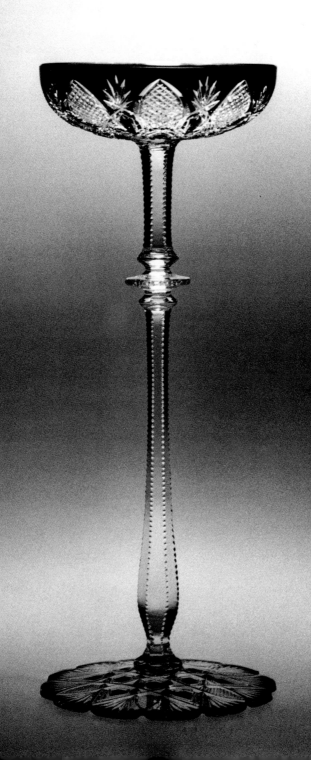

17724

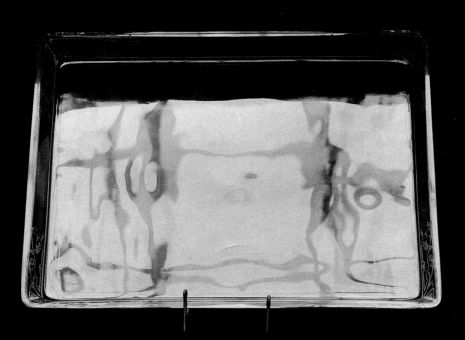

Garnitures de Toilette moulées décorées

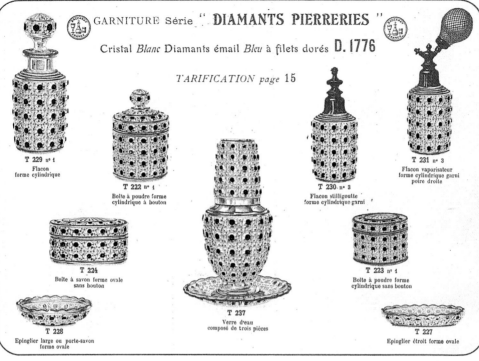

GARNITURE Série " DIAMANTS PIERRERIES "

Cristal *Blanc* Diamants émail *Bleu* à filets dorés **D. 1776**

TARIFICATION page 15

T 229 n° 1
Flacon
forme cylindrique

T 222 n° 1
Boîte à poudre forme
cylindrique à bouton

T 230 n° 3
Flacon stilligoutte
forme cylindrique garni

T 231 n° 3
Flacon vaporisateur
forme cylindrique garni
poire droite

T 224
Boîte à savon forme ovale
sans bouton

T 237
Verre d'eau
composé de trois pièces

T 223 n° 1
Boîte à poudre forme
cylindrique sans bouton

T 228
Epinglier large ou porte-savon
forme ovale

T 227
Epinglier étroit forme ovale

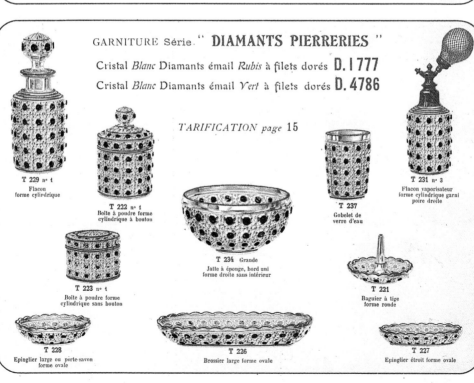

GARNITURE Série " DIAMANTS PIERRERIES "

Cristal *Blanc* Diamants émail *Rubis* à filets dorés **D. 1777**
Cristal *Blanc* Diamants émail *Vert* à filets dorés **D. 4786**

TARIFICATION page 15

T 229 n° 1
Flacon
forme cylindrique

T 222 n° 1
Boîte à poudre forme
cylindrique à bouton

T 234 Grande
Jatte à éponge, bord uni
forme droite sans intérieur

T 237
Gobelet de
verre d'eau

T 231 n° 3
Flacon vaporisateur
forme cylindrique garni
poire droite

T 223 n° 1
Boîte à poudre forme
cylindrique sans bouton

T 221
Baguier à tige
forme ronde

T 228
Epinglier large ou porte-savon
forme ovale

T 226
Brossier large forme ovale

T 227
Epinglier étroit forme ovale

GARNITURE Série " LAURIER "

Cristal *Blanc* feuilles cristal *Ambré* F. 2032

TARIFICATION page 18

T 282 n° 1
Flacon
forme cylindrique

T 274 n° 1
Boîte à poudre forme
cylindrique à bouton

T 273
Boîte à poudre dentifrice
forme carrée

T 288
Verre d'eau
composé de trois pièces

T 283 n° 3
Flacon stilligoutte
forme cylindrique garni

T 284 n. 3
Flacon vaporisateur
forme cylindrique garni
poire droite

T 272
Baguier à tige forme ronde

T 281
Epinglier large ou Porte-savon
forme ovale

T 279
Brossier large forme ovale

T 280
Epinglier étroit forme ovale

GARNITURE Série " LAURIER "

Cristal *Blanc*, graines émail *Bleu* à filets dorés D. 5544
Cristal *Blanc*, graines émail *Rubis* à filets dorés D. 5545
Cristal *Blanc*, graines émail *Vert* à filets dorés D. 5590

TARIFICATION page 19

T 299 n° 1
Flacon
forme cylindrique

T 291 n° 1
Boîte à poudre forme
cylindrique à bouton

T 294
Bol à barbe forme droite

T 305
Gobelet de Verre d'eau

T 302 n° 3
Flacon vaporisateur
forme cylindrique garni
poire tombante

T 293
Boîte à savon forme ovale
sans bouton

T 292 n° 1
Boîte à poudre forme
cylindrique sans bouton

T 298
Epinglier large ou Porte-savon
forme ovale

T 296
Brossier large forme ovale

T 304
Porte-brosses tige dorée

L. 497

H. 3ᵐ85

L. 1ᵐ55

23315

17910

COMPAGNIE DES CRISTA

A BACCAR

MAISON DE VENTE ET DÉPOT A PARIS.

ASPECT D'UNE P.

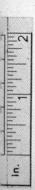

MÉDAILLES A TOUTES LES EXPOS

GRANDE MÉDAILL

DES MAGASINS

Imp. Lemercier & C.ᵉ Paris.

NS DE 1825 1827 1834 1839 1844 1849

'HONNEUR EN 1855

Service *Nonancourt*
pour S. M. le roi, Égypte, 1929.

Verre pour S. M. le roi Louis-Philippe,
France, vers 1840.

Service *Juvisy* pour la présidence
de la République, France, 1899.

Service *Rabelais* pour le président
Franklin D. Roosevelt, États-Unis, 1936.

Service *Juvisy*
pour le prince Mehmed, Turquie, 1920.

Service *Elbeuf*
pour le maharadjah de Baroda, Inde, 1920.

Service pour S. M. le roi Charles X,
France, 1923.

Service *Harcourt* pour la présidence
de la République, Mexique, 1960.

Service *Norma*
pour S. M. le roi Hassan II, Maroc, 1965.

Service *Avranches*
pour S. M. le roi, Espagne, 1903.

Service *Lagny*
pour le bey de Tunis, Tunisie, 1950.

Service *Colorado* pour la présidence
de la République, Centrafrique, 1958.

Service *Empire*
pour le prince Nawaf, Arabie Saoudite, 1983.

Service pour le Vatican, 1950.

Service *Beauvais*
pour la famille impériale, Japon, 1909.

Service *Bellegarde*
pour le shah, Iran, 1908.

Service *JJ* pour la présidence
de la République, Brésil, 1924.

Service *Harcourt* pour le ministère
des Affaires étrangères, Brésil, 1953.

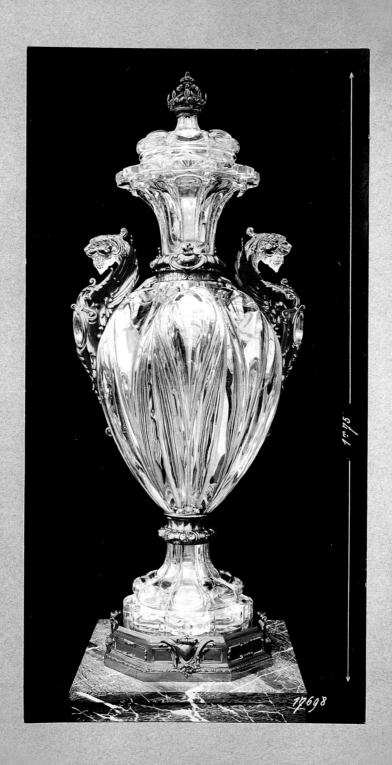

1ᵐ75

17698

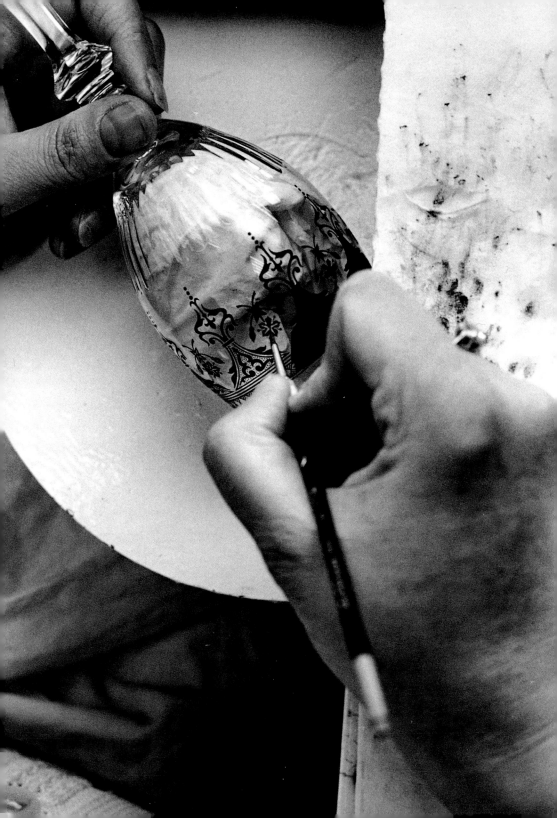

Elizabeth Arden, *It's you*, 1939.

Coty, *Muguet*, 1916.

Gellé Frères, *Pour être aimée*, 1911.

Guerlain, *Jicky*, 1947,
flacon crée pour Guerlain en 1908.

Coty, Adoptée par S. M. la reine
douairière d'Italie, 1909.

Christian Dior, *Miss Dior* (blanc),
Diorama (rouge), 1949.

Guerlain, *Mitsouko*, 1947,
flacon crée pour Guerlain en 1912.

Ybry, *Femme de Paris* (vert), *Désir de Cœur*
(rouge), *Mon Âme* (mauve), 1925-1927.

Guerlain, *Coque d'Or*, 1937.

Cottan, *Sybmée*, 1917.

Caron, *L'Infini*, 1925.

Patou, *Amour Amour*, 1925,
flacon créé par Louis Süe.

Parfise, 1925.

Houbigant, *Subtilité*, 1919.

Alphonse Gravier, *L'Envoûtement*, 1911.

L. T. Piver, *Gao*, 1925-1927.

Schiaparelli, *Le Roy Soleil*, 1945,
flacon créé par Salvador Dalí.

Molyneux, *Rue Royale*, 1940.

23786

M.9180

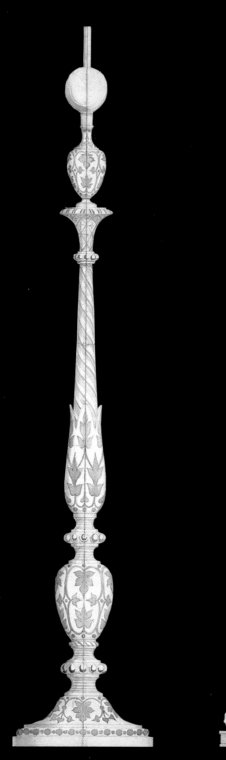
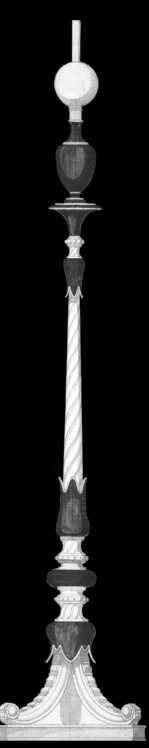

Repères chronologiques

1764 : Le 16 octobre, autorisation accordée par le roi Louis XV à l'évêque de Metz, Louis de Montmorency-Laval, d'établir une verrerie à Baccarat.

1816 : Transformation de la verrerie en cristallerie.

1823 : La cristallerie est vendue le 7 janvier à trois associés qui créent une société anonyme, La Compagnie des Verreries et Cristalleries de Vonêche, à Baccarat. Médaille d'or lors de l'Exposition des produits de l'industrie (Paris). Louis XVIII commande un service de verres.

1827 : Médaille d'or lors de l'Exposition des produits de l'industrie (Paris). Compte rendu dans la *Feuille hebdomadaire des arts et métiers* datée du 27 août : "Baccarat a présenté des échantillons de lustrerie nouvelle, qui, par la perfection de la taille et la vivacité des reflets, promettent d'affranchir entièrement la France du tribut qu'elle paye encore à l'étranger pour la composition de ces beaux lustres (…)."

1828 : Visite de la cristallerie par Charles X. Commande royale d'un service de verres ; remise de cadeaux – dont une aiguière aux armes de France offerte au dauphin. Le souverain offre à l'administrateur une pendule, qui se trouve toujours à Baccarat.

1834 : Médaille d'or lors de l'Exposition des produits de l'industrie (Paris).

1839 : Médaille d'or lors de l'Exposition des produits de l'industrie (Paris). La cristallerie Baccarat emploie neuf cents ouvriers. Les deux tiers de la production sont écoulés en France, un tiers à l'étranger (Amérique du Nord et pays limitrophes de la France).

1842 : Le roi Louis-Philippe accorde le droit de proroger la société anonyme de Baccarat pour quarante années.

1844 et 1849 : Médaille d'or lors de l'Exposition des produits de l'industrie (Paris).

1855 : Grande médaille d'honneur lors de l'Exposition universelle de Paris. Extrait de la "Note sur la verrerie et la céramique à l'Exposition universelle de Paris", publiée dans les *Mémoires de la Société des ingénieurs civils* en 1857 : "Ces pièces donnent la plus haute idée de la puissance des moyens dont dispose la manufacture de Baccarat."

1860 : Le 29 octobre, dépôt de la marque "Baccarat" au greffe du tribunal de commerce de Paris.

1863 : Publication du livre de Turgan, *Les Grandes Usines*, dont un chapitre est consacré à Baccarat.

1867 : Grand prix lors de l'Exposition universelle de Paris. Extrait du *Rapport des délégations ouvrières* au sujet de la présentation de Baccarat : "Un grand nombre de grandes pièces (…) sont la preuve que cette grande fabrique est arrivée à un degré de perfection sans égal à ce jour."

1874 : Baccarat emploie deux mille ouvriers.

1878 : Grand prix lors de l'Exposition universelle de Paris. Extrait du *Rapport de l'Exposition* : "Le grand établissement de Baccarat, que la France peut considérer comme une de ses gloires nationales, a fait des progrès depuis 1867 (…)." Marchés extérieurs : Amérique du Nord, Amérique du Sud, Indes anglaises et néerlandaises, Russie, Perse, Égypte, etc.

Flacon à parfum Une nuit étoilée au Bengale. *En 1997, la trilogie* Les Contes d'Ailleurs *est lancée avec ce premier flacon et son parfum, tous deux signés Baccarat. Inspirés des marchés lointains de Baccarat au xixe siècle,* Les Contes d'Ailleurs *en retiendront l'exotisme.* © Jean Chenel.

1886 : Création d'un comptoir Baccarat à Bombay et en Amérique du Sud.

1887 : Un courrier à en-tête du ministère du Commerce et de l'Industrie est adressé en novembre à l'administrateur de Baccarat, Adrien Michaut, pour lui demander de participer à l'Exposition universelle prévue en 1889 à Paris : "Mon désir le plus vif (…) est de voir vos usines si renommées dans le monde entier (…) se préparer à nous envoyer en 1889 un choix de leurs beaux produits."

1889 : Grand prix de l'Exposition sociale lors de l'Exposition universelle de Paris.

1892 : Création d'une agence d'importation Baccarat à New York.

1900 : Grand prix de l'Exposition sociale lors de l'Exposition universelle de Paris.

1907 : Création d'une nouvelle taillerie destinée à fabriquer quatre mille flacons de parfums pour les plus grands parfumeurs (Coty, Houbigant, Guerlain, etc.).

1909 : Grand prix lors de l'Exposition internationale de l'est de la France. Extrait du *Rapport du jury* : "On est frappé de l'incomparable maîtrise avec laquelle le cristal a été façonné et paré."

1910 : Exposition de la verrerie et de la cristallerie artistiques au musée Galliera à Paris. Extrait d'un article signé Maurice Guillemot, paru dans la revue *Art et Décoration* : "Il est juste de louer l'exécution de la taille et de la gravure, la finesse du travail est extraordinaire (…)."

1922 : Fêtes du centenaire de la Compagnie des Cristalleries de Baccarat.

1925 : À Paris, Exposition internationale des arts décoratifs et industriels modernes. Georges Chevalier réalise un pavillon commun aux cristalleries de Baccarat et à la maison Christofle, salué unanimement par la critique.

1929 : Extrait d'un article signé Ernest Tisserand pour la revue *L'Art vivant* : "La Compagnie de Baccarat possède encore les ouvriers les plus remarquables. Le mécanisme, le machinisme n'y ont pas remplacé l'adresse du souffleur, sa virtuosité, son intelligence (…)."

1937 : Exposition universelle à Paris.

1948 : Le comte René de Chambrun crée un magasin de gros et un magasin de détail à New York, constituant la filiale de Baccarat aux États-Unis.

1951 : Participation de Baccarat à l'exposition *L'Art du verre* au musée des Arts décoratifs, à Paris.

1963-1964 : Exposition rétrospective consacrée à Baccarat pour son bicentenaire au musée des Arts décoratifs, à Paris.

1966 : À Baccarat, ouverture du second musée consacré à la cristallerie.

1984 : Création de la filiale Baccarat Pacific, à Tokyo.

1988 : La Société du Louvre devient majoritaire dans le capital de Baccarat.

1989 : Le 12 août, inauguration au Japon du Kanemori Museum, consacré à Baccarat.

1991 : Création d'une ligne de bijoux.

1995 : Réaménagement du musée Baccarat, rue de Paradis, à Paris.

1997 : Lancement du parfum Baccarat *Une nuit étoilée au Bengale*.

1998 : Première rétrospective Baccarat au Japon.

Bijoux Baccarat. Couleurs parme et pivoine. Dans les années trente, la cristallerie s'est un temps tournée vers la création de bijoux, activité avec laquelle elle renoue depuis 1991.
© Archives Baccarat.

Baccarat

C'est en Lorraine, au pied des Vosges, que la verrerie de Baccarat fut fondée en 1764 par autorisation du roi Louis XV. L'environnement naturel et la tradition verrière de la région furent déterminants dans cette installation. © D.R.
Le *Service du tsar* fut créé en 1896 lors de la visite de Nicolas II à Paris. © Keiichi Tahara.

Vue de la halle en 1887. Assis sur un banc, le "maître verrier" travaille à chaud le cristal qu'un "gamin" vient de "cueiller" dans un creuset situé à l'intérieur du four. © Archives Baccarat.

Étude à l'aquarelle pour le décor d'une coupe destinée à être présentée à l'Exposition universelle de Paris, en 1867. © Archives Baccarat.

Vue de la halle prise du "château". Rénovée en 1881, elle est surmontée de la cloche qui appelait les verriers lorsque le cristal, fondu à la bonne température, était prêt à être soufflé. © Thierry Bouët.
Verre portant le monogramme gravé du roi Louis-Philippe. Daté de 1840, il annonce avec ses larges côtes plates taillées le célèbre service *Harcourt* créé un an plus tard. © Éditions Assouline, photo : Laziz Hamani.

Dessin préparatoire d'une fontaine réalisée pour l'Exposition universelle de 1867. L'une d'entre elles fut réalisée pour la villa Eugénie, à Biarritz – elle fut malheureusement détruite lors des émeutes provoquées par la chute de Sedan en 1870. © Archives Baccarat.
Service à liqueur créé en 1909. © Archives Baccarat.

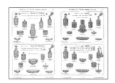

Épingliers, boîtes à poudre ou à opiat, jattes à éponges, baguiers, brossiers, etc. Les "garnitures de toilette" signées Baccarat étaient si demandées durant la Belle Époque que leur production monopolisait à elle seule plusieurs ateliers de la manufacture. Catalogue de la Compagnie des cristalleries de Baccarat, *Garniture de toilette et articles divers de toilette,* 1916. © Archives Baccarat.

L'importance des commandes provenant de Russie était telle qu'un four de Baccarat fut baptisé "Four russe". Ici, un verre à vodka du *Service du tsar.* © Éditions Assouline, photo : Laziz Hamani.

Au nombre des commandes russes fastueuses, plusieurs candélabres d'une hauteur de 4 m furent expédiés entre 1896 et 1917, principalement à destination du palais du tsar, à Saint-Pétersbourg. © Archives Baccarat.

Détail d'un verre à eau du *Service du tsar.* Le cristal a été soufflé en deux couches (bleu sur incolore). Le décor dit de "taille riche" joue du contraste entre ces deux couleurs. © Éditions Assouline, photo : Laziz Hamani.

Détail gravé du *Vase aux paons,* créé en 1925 par Georges Chevalier pour l'Exposition des arts décoratifs et industriels de Paris. © Éditions Assouline, photo : Laziz Hamani.

Symbolisant l'entrée de la ville de Paris dans le XXᵉ siècle, deux nefs de cristal furent réalisées par Baccarat à la demande du magasin *Le Grand Dépôt,* à l'occasion de l'Exposition universelle de 1900. L'une d'entre elles fut achetée en 1930 par le maharadjah de Bikaner, l'autre se trouve dans les collections du Corning Museum of Glass de l'État de New York. © Archives Baccarat.

Service à café turc réalisé en 1909. La cafetière et son plateau sont en cristal soufflé. Le décor émaillé appliqué au pinceau rappelle les motifs islamiques. © Archives Baccarat.

Étude à l'aquarelle pour la réalisation de l'un des deux vases gravés par Jean-Baptiste Simon créés pour l'Exposition universelle en 1867. Cette paire de vases est aujourd'hui exposée au musée parisien de Baccarat. © Archives Baccarat.

Dessin représentant le dépôt de Baccarat, rue de Paradis, vers 1860. Depuis 1830, Baccarat a conservé cette même adresse. Le bâtiment, restauré sous le Second Empire, témoigne aujourd'hui encore de cette atmosphère particulière propre aux grands dépôts du XIXᵉ siècle. © Archives Baccarat.

Ambassadeur de la marque, le service *Harcourt* apparaît en 1841. Depuis, portant chiffres et monogrammes, *Harcourt* est entré dans nombre de palais présidentiels, ambassades ou demeures princières. © Keiichi Tahara.

Tables de fête. Traditionnellement, Baccarat est présent sur les plus belles tables depuis le XIXᵉ siècle. © D.R.

De la première commande de Louis XVIII, en 1823, au service *À losanges à flots* gravé aux initiales de la République française, les commandes de services chiffrés témoignent de la notoriété internationale de Baccarat depuis le XIXᵉ siècle.

De gauche à droite et de haut en bas. Toutes photos : © Éditions Assouline, photo : Laziz Hamani, sauf nᵒˢ 14, 16, 17 et 18 : © Archives Baccarat.

Chandelier à verrines gravées, créé en 1880. © Keiichi Tahara.
Temple de Mercure, créé à l'occasion de l'Exposition universelle de 1878 organisée à Paris. Ce temple aux dimensions impressionnantes (4,70 m de hauteur pour 5,25 m de diamètre) fut acquis en 1892 par Don Louis, roi du Portugal. Depuis 1917, il se trouve dans une propriété privée des environs de Barcelone. © Archives Baccarat.

Vase *Bambou,* présenté à l'Exposition universelle de 1878, à Paris. La pureté des motifs naturalistes annonce la vogue du japonisme. © Archives Baccarat, photo : Jacques Boulay.
Vase dit "du Négus", présenté à l'Exposition internationale de l'est de la France, en 1909. À cette époque, Baccarat crée des pièces monumentales alliant bronze doré et cristal. Ce vase fut acheté par Ménélik II, empereur d'Éthiopie. © Archives Baccarat.

En 1886, Baccarat ouvre une succursale en Inde. Ici, S. M. le maharajah Raja-I-Rajgan de Kapurthala (1890). © Hulton Getty/Fotogram-Stone Images.
Cave Éléphant. Destinée au marché indien, cette cave à liqueur fut présentée à l'Exposition universelle de Paris, en 1878. En cristal soufflé, gravé et peint à l'or, quatre carafes sont disposées dans le palanquin ; douze gobelets sont suspendus au harnais de bronze doré. © Archives Baccarat.

Façonnage du pied d'un verre. À l'aide de ciseaux, le verrier coupe le cristal à l'état liquide, qui lui est présenté au bout de la canne. Puis, avec une palette en bois, il l'aplatit alors en lui donnant la forme voulue. © Thierry Bouët.
Vase *Poisson.* Modèle créé en 1878, pour l'Exposition universelle de Paris. © Keiichi Tahara.

Modèle de lustre en cristal triplé, créé vers 1875. Destinés plus particulièrement aux marchés orientaux, ces lustres portaient des éléments (pampilles, poignards, bobèches, perles, etc.) réalisés en cristal coloré. © Archives Baccarat.
Gobelet "échantillon", XIXe siècle. Utilisé pour présenter les diverses techniques et calligraphies destinées aux services porteurs de chiffres, couronnes et armoiries. © Archives Baccarat, photo : Jean Chenel.

Application de l'or au pinceau sur un décor gravé à la roue pour le verre *Prestige.* Après un passage au four, l'or est fixé sur le cristal. Les motifs sont ensuite frottés à la pierre d'agate pour donner à l'or tout son éclat. © Thierry Bouët.
Calices et coupe présentés lors de l'Exposition internationale de l'est de la France, à Nancy, en 1909. L'immatérialité de cet ensemble est suggérée par l'extrême finesse du cristal soufflé et par la délicatesse de la gravure à la roue. © Archives Baccarat.

Georges Chevalier (1894-1987) en 1925. Ce dessinateur débuta en 1916 sa prolifique carrière chez Baccarat. Son génie créatif s'exprima jusqu'au début des années soixante-dix. © Jean-Pierre Chevalier.
Carafe et verre du service *Guynemer,* créé en 1951, et carafe *Datura,* créée pour l'Exposition des arts décoratifs et industriels de Paris, en 1925. © Éditions Assouline, photo : Laziz Hamani.

Baccarat et le parfum. Entre 1897 et 1907, la production quotidienne de flacons de parfum chez Baccarat passe de cent cinquante à quatre mille. Parfumeurs, couturiers… : les plus grands noms font toujours appel à Baccarat pour réaliser les écrins de cristal destinés aux précieuses fragrances. © Archives Baccarat, photo : Jean Chenel.

Verres présentés à l'Exposition internationale des arts et techniques de Paris, en 1937. Pureté, transparence et liberté des formes signent les créations de cette époque. © Éditions Assouline, photo : Laziz Hamani.
Carafe *Dionysos*. Créée par le designer Van Day Truex en 1974, sa forme s'inspire de la traditionnelle bouteille bordelaise. © Keiichi Tahara.

Yachts dans le port de Monte-Carlo. © Société des Bains de mer.
Service *Pour le yacht*, créé par Georges Chevalier en 1925. Vers 1930, ce modèle est choisi par le prince de Galles. Il porte, peints aux émaux polychromes, les fanions aux couleurs de ses yachts, le pied carré assurant une stabilité contre vents et marées. © Éditions Assouline, photo : Laziz Hamani.

Table dressée, vers 1950. Mobilier, services, sculptures, bougeoirs, etc., sont dessinés par Georges Chevalier. À partir des années quarante, celui-ci conçoit des œuvres travaillées dans l'épaisseur du cristal, auxquelles la taille donne une luminosité particulière. © Archives Baccarat.

Presse-papiers dit de "l'Église", créé en 1853. Ce *millefiori* fut inséré dans les fondations de l'église de Baccarat, en 1853. À la suite des bombardements de la seconde guerre mondiale, l'église s'effondra en 1945, mais le presse-papiers fut retrouvé, intact, dans les décombres. © Archives Baccarat, photo : Jean Chenel.
Étude de sellettes portant des lampes à gaz (vers 1860). © Archives Baccarat.

Table dressée, 1997. La mise en scène imaginée par Barbara Wirth mêle des créations d'époques différentes dans ce fameux équilibre qui caractérise Baccarat. Sur une table *Lyre* dessinée par Thierry Lecoule (1991), un service et une coupe *Véga* (1995) et des timbales *Étoiles* de Marcial Berro (1997) sont associés à des rince-doigts *Perfection* (1933) et à des assiettes *Arabesques* (1830). © Pascal Hinous.

Service *Véga*, 1995. Depuis sa fondation, la cristallerie a créé près de mille services de verres dont les formes et les décors illustrent l'histoire des arts décoratifs. © Éditions Assouline, photo : Laziz Hamani.
Lustre *Jets d'eau* et colonnes lumineuses créés par Georges Chevalier pour le pavillon Baccarat de l'Exposition internationale des arts décoratifs de Paris, en 1925. © Archives Baccarat.

L'éditeur tient à remercier la cristallerie Baccarat, et plus particulièrement Brigitte Bury et Pascaline Noak, pour l'aide qu'elles ont apportée à la réalisation de ce livre. Merci également à Keiichi Tahara, Laziz Hamani, Thierry Bouët, Jacques Boulay, Jean Chenel, Jean-Pierre Chevalier, Pascal Hinous et Florence Briand (Hulton Getty/Fotogram-Stone Images).